Franz Alt

Die Schöpfung

Mit Fotografien von Helfried Weyer

Gütersloher Verlagshaus

Einleitung

»Gott, der Herr, brachte also den Menschen in den Garten Eden. Er übertrug ihm die Aufgabe, den Garten zu pflegen und zu schützen.« (Gen 2,5)

Menschen haben als einzige Lebewesen ein Bewusstsein für Vergangenheit und Zukunft.

Von Zerstörung war nicht die Rede! Tiere und Pflanzen sterben aus und wissen nichts davon. Menschen haben als einzige Lebewesen ein Bewusstsein für Vergangenheit und Zukunft. Wir kennen im Großen und Ganzen die Katastrophen unserer Vergangenheit. Deshalb sagte die Mehrheit der Deutschen nach 1945 »Nie wieder Krieg!«. Diese pazifistische Grundbefindlichkeit hat sich tief im kollektiven Gedächtnis der Deutschen verankert. Wir waren nach dem Zweiten Weltkrieg lernfähig. Das waren wir nach dem Ersten Weltkrieg noch nicht. Aber nach 1945 gab es Hoffnung auf Zukunft!

Im Herbst 2005 hat der Hurrikan »Kathrina« New Orleans verwüstet. Drei Jahre später ist ein Großteil der Schäden behoben. Auch in New Orleans wächst wieder Hoffnung auf Zukunft.

An Weihnachten 2004 erlebte ich als Fernsehreporter die Ausmaße des Tsunami in Südindien. Hunderttausende Menschen starben, Millionen wurden obdachlos. Nur zwei Jahre später war ich für Fernseh-Aufnahmen wieder in Südindien. Neues Leben wuchs aus den Ruinen.

Wir filmten völlig neu aufgebaute Dörfer und Kinder, die zwei Jahre zuvor traumatisiert waren, aber jetzt wieder hoffnungsvoll in die Zukunft blickten.

Die Katastrophen der Menschheitsgeschichte in den letzten Jahrtausenden waren zum Teil furchtbar – aber meist blickten die Betroffenen nach

einigen Jahren wieder nach vorn. Immer wieder wuchs Hoffnung auf Zukunft.

Die heute absehbaren Katastrophen könnten ganz andere historische Dimensionen haben. Nach einem möglichen Atomkrieg wären wahrscheinlich große Teile unseres Planeten für Jahrhunderte, vielleicht sogar für Jahrtausende unbewohnbar. Bisher konnten wir Menschen nach jeder Katastrophe »Trotzdem Ja zum Leben« (Viktor Frankl) sagen. Bestünde diese Überlebenschance auch nach einem Atomkrieg?

Selbst die Juden konnten nach der größten denkbaren Katastrophe für ihr Volk nach 1945 »Ja« sagen zu einem Neuanfang in Israel, Ja zur Zukunft.

Was aber wäre mit der Zukunft und mit der Hoffnung auf Zukunft nach einer großen Klimakatastrophe?

Was aber wäre mit der Zukunft und mit der Hoffnung auf Zukunft nach einer großen Klimakatastrophe?

Nach allem, was der Weltklimarat in drei großen Studien vorsichtig vorherzusagen wagte, hätten wir es mit einer Katastrophe nie dagewesenen Ausmaßes in der Menschheitsgeschichte zu tun – ohne Hoffnung auf Zukunft für viele Generationen, vielleicht für Zehntausende von Jahren. In den letzten 30 Jahren diskutierte die Umweltbewegung die Verschmutzung der Meere, das Aussterben von Arten, das Abholzen von Tropenwäldern, die Vergiftung der Böden und Flüsse, das Verschwinden von Seen. All diese Probleme könnten im Bewusstsein der Menschheit vielleicht in einigen Jahrhunderten wieder reparabel sein. Aber wäre die vorhergesagte Klimakatastrophe mit einer globalen Erwärmung auch reparabel und wenn ja, bis wann? Mit welchen Folgen müssen wir realistischerweise rechnen? Wie sieht die Welt unserer Kinder und Enkel aus in Zeiten der Erderwärmung, der Klimakriege, der Millionen Umweltflüchtlinge, des Anstiegs des Meeresspiegels, des Wassermangels für drei Milliarden Menschen, der schwankenden Niederschläge?

Seit Jahrzehnten haben wir Umweltministerien, Umweltverbände und Umweltpolitik. Aber kamen die vielen Aktivitäten auch der Umwelt zugute? Es gab sicherlich in Kalifornien, Deutschland und Österreich einige Verbesserungen, aber insgesamt und weltweit geht es der Umwelt heute schlechter als je zuvor in der Menschheitsgeschichte. Schon in 40 Jahren werden wir mindestens neun Milliarden Menschen sein. Das heißt: Die immer weniger werdenden Ressourcen wie Wasser, Luft und Erde werden von immer mehr Menschen nachgefragt. Problemlösungen werden immer schwieriger.

Die Klimakatastrophe wird Verwüstungen und Klimakriege zur Folge haben, die außerhalb unseres bisherigen Vorstellungsvermögens liegen. Die Erwärmung des Klimasystems lässt sich an steigenden Luft- und Ozeantemperaturen, am Schmelzen der Gletscher und an steigenden Meeresspiegeln ablesen. Die Regenzonen und die Regenhäufigkeiten verschieben sich, die Wüsten breiten sich aus, extreme Wetterereignisse wie Hitzeperioden, Stürme, Starkregen nehmen auf allen Kontinenten zu – rechnen uns die Wissenschaftler des Weltklimarates vor. Daraus resultieren zunehmende Hungerkatastrophen hauptsächlich südlich der Sahara und in Südostasien, ja sogar Kriege.

Die Klimaveränderung hat nicht nur ökologische, sondern auch soziale Auswirkungen. In einzelnen Regionen werden die landwirtschaftlichen Erträge schon in etwa zehn Jahren auf die Hälfte zurückgehen. Das Artensterben schreitet voran und die Ozeane werden bald leer gefischt sein. Krankheiten wie Malaria und Gelbfieber werden auch in Gegenden auftreten, die bislang davon verschont blieben.

Die Klimaveränderung hat nicht nur ökologische, sondern auch soziale Auswirkungen.

Die schlimmsten Folgen der absehbaren Klimakatastrophe werden die ärmsten Menschen in Afrika, Südasien und Südamerika treffen, die den Klimawandel am wenigsten verursachen. Diese zunehmende Ungerech-

tigkeit verschärft schon kurz- und mittelfristig die Konfliktpotenziale auf unserem Planeten enorm.

Sind wir noch zu retten?

Dass der Irakkrieg des George W. Bush im Wesentlichen ein Krieg um das zu Ende gehende Erdöl war, bestreitet heute in Washington kaum noch ein Politiker. Würden im Irak nur Bananen wachsen, dann stünde dort kein einziger US-Soldat. Der erste und zweite Irak-Krieg waren Kriege um die zu Ende gehenden Ressourcen, auf die die Industriestaaten noch existenziell angewiesen sind, solange sie ihren verschwenderischen Lebensstil nicht ändern. Das Verbrennen von Erdöl aber heizt weiter das Klima auf. Wir verbrennen weltweit zurzeit an *einem* Tag so viel Kohle, Gas und Öl, wie die Natur in 500.000 Tagen geschaffen hat.

Wir verbrennen weltweit zurzeit an einem Tag so viel Kohle, Gas und Öl, wie die Natur in 500.000 Tagen geschaffen hat.

In Darfur, der westlichen Provinz des Sudan, sind wir in diesen Jahren Zeugen des ersten Klimakrieges der Geschichte. Seit der großen Dürre im Jahr 1984 sperren die sesshaften Bauern dort ihre Felder den Herden der Nomaden. Der Ausgangspunkt des Darfur-Krieges ist der Klimawandel. In Darfur ist die karge Regenmenge in den letzten zehn Jahren nochmals um ein Drittel zurückgegangen. Diese Öko-Katastrophe musste zum Streit zwischen sesshaften Bauern und wandernden Nomaden führen. Die Konflikte um Land und Wasser gaben der Regierung in Khartum den willkommenen Anlass, ihre berüchtigten Reitermilizen nach Darfur zu schicken. Tausende Menschen zogen als Umweltflüchtlinge durch das Land. Frieden wird nach über 25 Jahren Krieg im Sudan nicht möglich, solange sich die dortigen Umweltbedingungen nicht verbessern. Diese aber sind: Dürre, Entwaldung, Wassermangel und Wüstenbildung – hauptsächlich verursacht von den Industriestaaten im Norden. Armut und existenzielle Mängel wurden im Sudan durch den Klimawandel noch verstärkt. Es wird künftig viele »Darfur-Kriege« geben. Ökologische und soziale Probleme verweben sich immer unlösbarer miteinander.

Bei ökologischen Debatten kommt kaum zur Sprache, dass Kriegsparteien keine Rücksicht auf die Umwelt nehmen. Die Versalzung der Böden nimmt zu, die Fruchtbarkeit nimmt ab, der Grundwasserspiegel ist dramatisch gesunken und die Wüsten breiten sich aus.

Der Klimawandel verschärft bestehende Ungleichheiten zwischen armen und reichen Nationen und innerhalb der Gesellschaften.

Der Klimawandel verschärft bestehende Ungleichheiten zwischen armen und reichen Nationen und innerhalb der Gesellschaften. In vielen Staaten kann es – verursacht auch durch zunehmende Umweltbelastungen – zur Entgrenzung der Gewalt kommen. Die chaotische Situation kann – wie in Ruanda in den Neunzigerjahren – sogar zum Völkermord führen.

Der Anstieg des Meeresspiegels durch den Klimawandel kann zum Beispiel dazu führen, dass in Bangladesch 40 Millionen Menschen keinen Boden mehr unter den Füßen haben. Die Vorstellung, dass solche bevorstehenden Völkerwanderungen gewaltlos verlaufen könnten, ist politisch mehr als naiv. Bisherige Menschheitskatastrophen waren noch heilbar, künftige – wie der Klimawandel – sind nicht mehr heilbar. Sie können unvorstellbar groß ausfallen, wenn es uns nicht gelingt, die ganz große Klimakatastrophe doch noch zu stoppen. Doch dafür haben wir, so die Prognose des Weltklimarats, nicht mehr als 15 Jahre Zeit.

Wir müssen an dieser Stelle unserer Überlegungen nochmals fragen: Sind wir noch zu retten? Was haben wir mit Gottes guter Schöpfung im Industrie- und Atomzeitalter angerichtet? Und vor allem: Welche Welt hinterlassen wir unseren Kindern?

»Und Gott sah, dass es gut war.«

Und Gott sah, dass es gut war.

Vor etwa 3.000 Jahren schrieben die Autoren des Alten Testaments in ihrem Schöpfungsbericht viermal die Behauptung: »Und Gott sah, dass es gut war.« Würden sie das heute wieder schreiben beim Anblick des Planeten im dritten nachchristlichen Jahrtausend?

Vor Kurzem begegneten sich zwei Planeten im Weltraum, unser Heimatplanet Erde und ein anderer Planet. Der andere Planet fragt die Erde: »Hallo, liebe alte Erde – wie geht es dir?« »Nicht gut«, sagte die Erde, »ich habe homo sapiens an Bord.« »Mach' dir nichts draus«, antwortet der andere Planet, »das vergeht wieder«.

Dass wir das Staunen über die Wunder des Lebens verlernt haben, ist wahrscheinlich unser größter moralischer Defekt. Wir wissen zwar, dass die chemische Formel für Wasser H^2O ist – aber dass Wasser weit mehr ist als Chemie, haben wir verlernt. Wir wissen zwar, wie sich das Licht bricht und wie ein Baby und eine Pflanze wachsen, aber das Licht, das Baby und die Pflanze bleiben ein Wunder.

Leben ist mehr als Chemie und Physik.

Leben ist mehr als Chemie und Physik. Wer nur Chemie und Physik versteht, versteht wahrscheinlich auch diese nicht. Der Philosoph und Theologe Hans Urs von Balthasar wusste: »Alle Dinge kann man doppelt betrachten: als Faktum und als Geheimnis.« Ist es nicht grenzenloser Hochmut, dass wir alles, was uns scheinbar nichts nützt, als Ungeziefer und als Unkraut bezeichnen?

Das Staunen über das Geheimnis des Lebens haben wir weitgehend verlernt. Wir sind faktenversessen und geheimnisvergessen. Deshalb bedanken wir uns auch nicht mehr bei der Erde, die uns trägt, und beim Wasser, das uns nährt. Der aktuelle Streit zwischen Darwinisten und Kreationisten über die »Schöpfung« ist schlicht überflüssig und manchmal albern. Die Evolution ist ein großes Spiel voller Zufälligkeiten. Doch das Zufallsprinzip, das uns in der Evolution millionenfach vor Augen steht, ist durchaus nicht chaotisch, sondern kreativ und schafft ständig Neues. Hinter jeder Kreation steht ein Kreator, ein Schöpfer und/oder eine Schöpferin. Die Natur- und Schöpfungsgesetze setzen in ihrer Sinn- und Zielhaftigkeit einen Gesetzgeber voraus. Der Zufall ist in der Evolution nicht ziellos, sondern hat gesetzmäßige Züge.

Natürlich gehört auch der Mensch und seine Fähigkeit zur Sinnsuche untrennbar zur Evolution. Wir Menschen sind Teil des evolutionären Werdungsprozesses. Wir können in Sprache und Musik, in Kunst und Religion, im Denken und Fühlen und in der Intuition neue Sinnzusammenhänge herstellen. Ob Darwinisten oder Schöpfungsgläubige: Bescheiden müssen wir uns eingestehen, dass der evolutionäre Prozess noch voller Geheimnisse für uns ist.

Das Ergriffensein über die Geheimnisse des Lebens ist vielleicht eine Vorahnung der Ewigkeit.

Das Empfinden für das Geheimnis der außermenschlichen elementaren Großartigkeit eines Wassertropfens oder des Meeres, eines Atoms oder eines Hochgebirges ging uns bei all unserer Technikgläubigkeit verloren. Deshalb haben wir verlernt, den Wert der Dinge zu achten, die nichts kosten. Alle Geheimnisse der Natur sind offensichtlich, aber wir bemerken sie kaum noch. Das Ergriffensein über die Geheimnisse des Lebens ist vielleicht eine Vorahnung der Ewigkeit.

Unsere Geschwister Sonne, Wind, Wasser, Erde

Vor 800 Jahren hat uns der heilige Franziskus von Assisi in seinem unvergleichlichen Sonnengesang ahnen lassen, was ökologische Spiritualität sein könnte:

> *»Sei gelobt, mein Herr, durch Schwester Sonne …*
> *Sei gelobt, mein Herr, durch Bruder Wind …*
> *Sei gelobt, mein Herr, durch Schwester Wasser …*
> *Sei gelobt, mein Herr, durch unsere Schwester, Mutter Erde …«*

Das Einheitserlebnis der Mystiker aller Religionen ist, dass sie das Göttliche in *allem* erkennen. Die indischen Upanischaden sagen es so:

> *»Gott schläft in den Steinen,*
> *duftet in den Pflanzen,*
> *träumt in den Tieren*
> *und will in uns Menschen erwachen.«*

Unsere Geschwister Sonne, Wind, Wasser und Erde zeigen uns den Weg in ein neues Zeitalter. Die Natur schenkt uns alles, was alle Menschen zu aller Zeit brauchen. Auf einer spirituellen Ebene freilich müssen wir die Geschwisterlichkeit und Göttlichkeit alles Lebendigen verstehen lernen. Dann wird Rettung und Heilung die logische Konsequenz sein.

Die Erde war einmal eine wunderbare Wohnstatt mit sauberer Luft, reinem Wasser und gesunden Böden. Die Bilder von Helfried Weyer in diesem Buch schenken uns noch mal eine Ahnung davon. Die Schöpfungsgeschichte des Alten Testaments – in diesem Bildband nachzulesen, nachzusehen und nachzuempfinden – ist eine der eindrucksvollsten, nachdenkenswertesten und nachhaltigsten der Weltliteratur. Gott schuf Licht und Land, Tag und Nacht, Meere, Wälder und Wiesen, Gras und Sonne, Mond und Sterne, Menschen und Tiere. Danach sah er, »dass es gut war«.

Und heute? Was empfinden wir? Und vor allem, was tun wir?

Vor 150 Jahren hatte Charles Darwin das Spiel des sinnlosen Zufalls an die Stelle eines sinnvollen göttlichen Plans gesetzt. Der Garten Eden also nichts anderes als eine globale Lotterie? Danach hätten wir bald ausgespielt!

Wieso aber nach den Sternen greifen?

In dieser Situation meinen immer mehr Menschen, wir sollten uns darum bemühen, eine Heimstatt im Weltraum zu finden. Wieso aber nach den Sternen greifen? Wir leben doch auf einem wundervollen Planeten. Unser Heimatplanet schwebt in einem sehr lebensfreundlichen Kosmos. Ob es uns wirklich etwas nützen würde, den Mars zu gewinnen, wenn wir zuvor die Erde verlieren? Wie weit müssten wir fliegen, um eine zweite Erde zu finden? Fliehen hilft bei privaten Konflikten so wenig wie bei gesellschaftlichen oder globalen. Unser Planet ist ein Paradies im Licht der Sonne. Davon zeugen die Bilder dieses Buches.

Doch wir Menschen sind Nestbeschmutzer. Wir sind wohl die einzige

Spezies auf dieser Erde, die ihr Nest nicht mehr sauber hält. Zwei Grundelemente des Lebens, Wasser und Luft, verschmutzen wir wie noch nie eine Spezies vor uns. Wir leben heute auf einem sterbenden Planeten. Der Indianerhäuptling Seattle wusste noch:

> *»Alle Dinge teilen denselben Atem, das Tier, der Baum, der Mensch – sie teilen denselben Atem. Die Erde ist unsere Mutter. Was die Erde befällt, befällt auch die Kinder der Erde.«*

Zum Handeln ist es nie zu spät – aber allerhöchste Zeit! Mahatma Gandhi meinte:

Zum Handeln ist es nie zu spät - aber allerhöchste Zeit!

> *»Wollen wir Fortschritte erzielen, so dürfen wir die Geschichte nicht wiederholen, sondern müssen selbst neue Geschichte machen.«*

Das unmenschlichste aller menschlichen Dogmen heißt: Alles wiederholt sich – alles ist Zufall – alles ist unveränderbar – auch und gerade der Mensch. Einen verhängnisvolleren Irrtum gibt es nicht.

Wege aus der Krise

Schöpfung bewahren heißt freilich Schöpfungsgesetze achten und den Schöpfer oder die Schöpferin lieben.

Das Angebot der Natur und damit der Schöpfung an Energiequellen ist beinahe unendlich. Während in den nächsten Jahrzehnten die alten Energiequellen zu Ende gehen und – bedingt durch die Knappheit – immer teurer werden, reichen die Angebote der Erneuerbaren, umweltfreundlichen Energien für »alle« Zeit und sie werden immer preiswerter.

Allein die Wasserkraft könnte theoretisch reichen, um die Hälfte der

Menschheit mit Energie zu versorgen. Dazu kommen noch 15-mal mehr Biomasse – gespeicherte Sonnenenergie –, als wir heute an Energie verbrauchen, etwa 76-mal mehr Wellen und Meeresenergie sowie 308-mal mehr Windenergie und noch viel Erdwärme. Allein die Sonne schickt uns jeden Augenblick unseres Hierseins 15.000-mal mehr Energie, als zurzeit alle 6,7 Milliarden Menschen verbrauchen. Es gibt gar kein Energieproblem, sondern nur falsches Energieverhalten. Aber das können wir ändern.

Die Sonne schickt uns keine Rechnung

Ohne Sonnenlicht würden wir nicht existieren. Die Sonne lässt uns leben. Ohne Sonne gäbe es keine Atmosphäre und keine Ordnung auf der Erde – sie wäre wüst und leer. Diese Sonne, ihr Licht, ihre Kraft und ihre Energie gilt es neu zu entdecken.

Nicht zufällig ist die Sonne in allen Religionen, heiligen Schriften und Weisheitslehren das göttliche Symbol. Irgendwann werden die Theologen vielleicht Gott als Energie definieren – als die Kraft, aus der alles Leben und alle Ordnung und alles Sein, das wir kennen, hervorgingen und permanent hervorgehen. Gott ist Liebe, Leben und Energie. Gott ist die Kraft, die alles am Leben hält und zusammenhält. Sonne ist einleuchtend.

Gott ist die Kraft, die alles am Leben hält und zusammenhält.

Bei solarer Energienutzung fällt kein Müll an, es entsteht kein Treibhausgas und damit keine Klimabelastung. Allein deshalb ist die Sonnenenergie in ihrer ganzen Vielfalt über Wind, Wasser, Biogas, Biomasse, solaren Wasserstoff, Erdwärme und Meeresenergie der Schlüssel für eine friedlichere Welt. Sonne ist nicht nur Leben. Sonne schafft Leben.

Die Natur oder die Evolution, Gott oder die Göttin haben durch Licht, das aus der Sonne hervorgeht, Strukturen gebildet, die Leben wachsen und Evolution gedeihen lassen. Nur durch Licht entstehen seit Milliarden Jahren auf unserer Erde immer wieder Lebensstrukturen, schöpferische Energie.

Was ist Gott anders als Energie? Gott ist Ur-Energie, *die* Energie aller Energien. Gott ist die Sonne aller Milliarden Sonnen in Milliarden Sonnensystemen, von denen die moderne Astrophysik erst seit relativ kurzer Zeit weiß. Gott, so hätte man früher in der Sprache der Kirchen wohl gesagt, ist der All-Mächtige oder wie es Jesus einfach, für jeden verständlich und unübertrefflich gesagt hat: Gott ist Vater und Mutter allen Seins.

Gott ist Vater und Mutter allen Seins.

Die Lösung kommt von ganz, ganz oben!

Diese Einsicht deckt sich mit der Erkenntnis von Naturreligionen ebenso wie mit einer Jesus-Aussage in der Bergpredigt, wie wir noch sehen werden und den Erkenntnissen der modernen Naturwissenschaft. Unser Planet ist durch von der Sonne initiiertes Leben gestaltete Energie. Am Anfang war das Licht. Und wenn das Licht nicht mehr ist, wird unser Planet nicht mehr sein. Von dort kommen wir und dorthin gehen wir wieder. Über das Leben nachzudenken heißt immer auch über das Licht, also über die Sonne und über Gott nachzudenken. Darin verbirgt sich eine anspruchsvolle Provokation an eine Architektur der Zukunft, die eine solare Architektur sein wird: Nämlich die gebaute Umwelt harmonisch und lebensfreundlich mit den kosmischen und natürlichen Energiekräften zu koordinieren.

Wenn wir eines Tages lernen, das Licht der Sonne als Energiequelle für alle Zeit und für alle Menschen zu nutzen, fangen wir an, das Jesus-Wort aus der Bergpredigt zu verstehen:

> *»Er (der himmlische Vater) lässt seine Sonne scheinen auf böse wie auf gute Menschen«* (Mt 5, 45).

Die Lösung kommt von ganz, ganz oben. Dieses Jesus-Wort ist weit mehr als ein astrophysikalischer Hinweis. Hier leuchtet uns die Überlebensstrategie des Lebens entgegen.

Im Anfang war das Licht.

Im Anfang war das Licht. Und das Licht des Anfangs wandelte das Chaos in Ordnung. Wir Menschen aber drehen seit einigen Jahrzehnten diesen Prozess um. Dabei zerstören wir jene Ordnungsstrukturen, denen wir unser Leben verdanken.

Wir haben jetzt nur eine Chance, dem Teufelskreis der Umweltzerstörung zu entkommen: die Nutzung der Sonnenenergie und der anderen erneuerbaren Energieträger, die überall verfügbar sind, wo Menschen leben.

Dabei gewinnen wir nicht nur ökologische, sondern ebenso ökonomische Vorteile. So wenig wie die Pflanzen für ihre Photosynthese die Sonne bezahlen müssen, so wenig müssen wir Menschen es. Der ökonomische Vorteil der ökologischen Solarenergie ist, dass die Sonne uns keine Rechnung schickt! Den Stoff gibt es umsonst. Wir müssen nur die Technik für die Umwandlung bezahlen. Wenn wir diese – durch entsprechende politische Rahmenbedingungen – massenhaft produzieren lernen, wird sie wie jede Technik immer preiswerter. Auch Transportkosten entfallen. Denn Licht fällt auf jedes Dach und an jede Hauswand. Wir müssen uns lediglich öffnen für die Sonne. Das ist freilich mehr als ein technischer Umdenkprozess – es ist eine geistige Umkehr. Die neue Metaphysik heißt: Sich öffnen für das Licht!

Die neue Metaphysik heißt: Sich öffnen für das Licht!

Das Gleiche gilt für die Windenergie. Auch der Wind schickt uns keine Rechnung. Diese kosmische Energie ist ebenso wie das Licht ein Geschenk des Himmels – im besten Sinne des Wortes. In alten Sprachen ist Wind und Geist dasselbe Wort – zum Beispiel pneuma im Griechischen. Der Wind ist eine Geisteskraft. Ruach im Hebräischen heißt Geist oder Geistin oder Wind.

Solares Denken und Handeln ist also mehr als der Umstieg von einer alten Technik in eine neue, es erzeugt eine neue Grundeinstellung zum Leben. Viele, die von Atomstrom auf Sonnenstrom umgestiegen sind, erklären: »Wir haben ein neues Verhältnis zur Natur und zur Sonne gewonnen – wir schauen jetzt öfter mal nach oben.«

Umweltkrise - Innenweltkrise

Dieser Blick nach oben bewirkt bei vielen Umsteigern einen Blick nach innen. Wir werden uns über die äußere Energie-Autarkie unserer inneren Energie-Autarkie bewusst. Wir können jetzt besser erkennen, dass die äußere Energiekrise ein Abbild einer viel tieferen, einer inneren Energiekrise ist. Außen wie innen und innen wie außen. Die Heilung im Außen kann einen Heilungsprozess im Inneren initiieren. Wir werden durch dezentrale eigene Energieversorgung aktiver – auch politisch – und tragen damit wiederum zu einem Heilungsprozess im Außen bei.

Die Heilung im Außen kann einen Heilungsprozess im Inneren initiieren.

Über unser »inneres Licht« – so hat Jesus dies in der Bergpredigt beschrieben – können wir ein sonniges Wesen nach Außen werden. Sonnige Wesen können verstehen lernen, dass die wichtigsten Dinge des Lebens nichts kosten: Das strahlende Licht aus uns und die Freude und Dankbarkeit in uns. Liebe und Freude sind so wenig käuflich wie die Sonne. Sie sind ein Gottesgeschenk. Wir sollten es intelligent nutzen. Dafür müssen wir unsere Herzen öffnen.

Der Traum aller großen Geister wird realisierbar: Wir können einen Beitrag für das Paradies auf Erden leisten. Viele haben diesen Traum lange Zeit für reine Spinnerei und Utopie gehalten. Aber heute beginnen wir zu ahnen, dass wir im Informations- und Solarzeitalter der Verwirklichung dieses Traumes näher kommen können. Etwas wissen wir nämlich heute schon: Wir verfügen über sehr viel Energie, so dass es ein für alle Mal ausreicht, um die Bedürfnisse von allen zu befriedigen. Es reicht freilich nicht für jedermanns Habgier. Wir werden lernen müssen, unsere Ego-logie durch Öko-logie zu bändigen.

Wir werden lernen müssen, unsere Ego-logie durch Öko-logie zu bändigen.

Wenn wir Menschen des dritten Jahrtausends das Energiefeld, das uns umgibt und das wir »anzapfen« können, als »göttliche Liebe« oder »Energie von oben« oder »göttliche Energie« erkennen, dann sind wir bereits auf der Spur der großen Lebensmeister wie Buddha, Jesus, Lao Tse oder Mahatma Gandhi. Sie haben uns den Weg zum Paradies gewiesen. Erstmals hängt das Überleben der Menschheit von einer radikalen geistigen und seelischen Umkehr ab.

Spätestens jetzt im Zeitalter der globalen ökologischen Krise, im Zeitalter der Klimaveränderung, des Artensterbens und des Waldsterbens, des Ozonlochs und der Ausbreitung der Wüsten, wird deutlich: Frieden ist mehr als das Schweigen der Waffen. Es gibt keinen Frieden ohne Frieden mit der Natur.

Es gibt keinen Frieden ohne Frieden mit der Natur.

Sonnenpolitik kann wegweisend werden für eine sozialökologische, friedliche und gerechte Politik im 21. Jahrhundert. Erst eine Sonnenpolitik wird eine effiziente Umweltpolitik sein – Voraussetzung für eine Welt ohne Armut. Der Energiereichtum der Sonne ist die Basis für eine Welt mit Wohlstand und Arbeit für alle. Sonnenpolitik bedeutet einen neuen Reichtum in einer neuen Zeit für alle Menschen. Sonnenpolitik meint gerade nicht Askese oder Armut oder Verzicht, sondern die Chance für einen globalen ökologischen Wohlstand.

Das Kurz-Zeit-Problem

Die Ökonomie, die heute alles beherrscht, denkt kurzfristig, die Biologie arbeitet langfristig. Schon Eugen Roth wusste:

> *»Zu fällen einen schönen Baum*
> *braucht's eine halbe Stunde kaum.*
> *Zu wachsen bis man ihn bewundert –*
> *braucht er, bedenk es – ein Jahrhundert.«*

Bäume zum Beispiel treffen seit vielen Jahrtausenden in jedem Frühjahr erstaunliche Entscheidungen, die gut und langfristig funktionieren. Die

Blüten eines Baumes entfalten sich genau zur Flugzeit der sie bestäubenden Insekten. Die Blätter wachsen angepasst an Temperatur, Licht und Regen und die Früchte reifen genau dann, wann jene Vögel anwesend sind, welche die Samen verteilen. Und die Vögel legen ihre Eier exakt zu Zeiten ab, in denen die gerade geschlüpften Jungen jene Nahrung vorfinden, die sie am Leben erhält. Für lebende Systeme ist überlebensnotwendig, dass sie in langen Zeiträumen planen. Sonst verschwinden sie rascher, als sie entstanden sind. Geduld wird eine wichtige ökologische Tugend. Tiere »wissen« das und handeln entsprechend. Pflanzen auch. Aber ausgerechnet der homo sapiens handelt immer kurzsichtiger, das heißt immer dümmer.

Selbsterkenntnis führt zu Gotteserkenntnis

Menschen werden, wenn wir als Spezies überleben wollen, lernen müssen, was Tiere oft instinktiv »wissen«: In einem Problem nicht nur ein Problem, sondern auch eine Chance für die Lösung zu sehen. Menschen, die in diesen schwierigen Übergangszeiten zum Beispiel als Unternehmer langfristig erfolgreich sein wollen, brauchen neben einer klassischen ökonomischen Kompetenz auch eine ökologische, eine spirituelle, eine ethische, eine innovative und eine kommunikative Kompetenz. Jeder Marketing-Experte weiß, wer erfolgreich sein will, muss in die Seele Anderer hineinsteigen. Das gilt für eine gelingende Partnerschaft ebenso wie für ein erfolgreiches Unternehmen, erfolgreiche Politik und erst recht für erfolgreiches ökologisches Wirtschaften.

Wie aber steige ich erfolgreich in die Seele von Anderen? Der Weg führt nur über die eigene Seele, über mehr Selbsterkenntnis. Und mehr Selbsterkenntnis ist Voraussetzung für Gott-Erkenntnis. Der Umweltverschmutzung ging die Innenweltverschmutzung voraus. Innen wie außen und außen wie innen!

Der Schöpfer hat uns Menschen eine Gebrauchsanleitung für das Bewahren der Schöpfung mitgegeben. Sie ist in unser Herz, in unsere Seele oder in unser Gewissen eingehaucht. Dort in unserem Inneren finden wir immer die ökologische Wahrheit unseres Tuns.
Es ist ja nicht so, dass wir nicht wüssten, was wir tun. Das steht sogar täglich in den Zeitungen und wird jeden Abend im Fernsehen gezeigt. Wir wissen inzwischen alle sehr wohl, was wir tun. Wir tun aber nicht, was wir wissen. Wer also könnte uns aufwecken?
Die Schöpfung bewahren heißt zunächst zum Schöpfer zurückzukehren – nach innen hören! Wenn wir das nicht mehr lernen, sind wir verloren. Die Rettung und Heilung muss von innen kommen. In der Schule der großen Lebensmeister können wir das Lernen lernen – bei Buddha, bei Lao Tse oder bei Jesus. Ihr Lebensthema war die Liebe – die Liebe zum Menschen, zu Tieren, zu Pflanzen, zur Schöpfung und zum Schöpfer.

Die Schöpfung bewahren heißt zunächst zum Schöpfer zurückzukehren - nach innen hören!

»Die Liebe ist das Atmen des Universums.« (Novalis).

Vor 2000 Jahren hat Jesus gelehrt: Wer staunen, lieben und lernen kann, gehört zu den Gesegneten dieser Erde. Er lehrte uns, dass es dank der Schöpfung des »Vaters« auf dieser Erde für jedermanns Bedürfnisse reicht, nicht aber für jedermanns Habgier. Nicht anders ist seine »wunderbare Brotvermehrung« zu verstehen. Die Basis und Tiefe jesuanischer Öko-Ethik ist sein Vertrauen in die gute Schöpfung des guten Vaters für alle.

Wir sind Geliebte Gottes

Die Kirche hat uns gelehrt, dass wir alle mit der »Erbsünde« auf diese Welt kommen. Jesus aber hat unentwegt davon gesprochen, dass wir Geliebte und Gesegnete seien. Wer die ökologischen Bilder in den Geschichten und Gleichnissen Jesu tief in seinem Innern bedenkt, lernt Lebenslust und Lebensfreude und wird viel Energie und Vertrauen in die Schöpfung und ihre Zukunft entwickeln. Jesus hat vor 2000 Jahren in seinen Geschichten vom Sämann und Acker, vom »Wasser des Lebens« und vom »Wunder des Wachsens« eine spirituelle Ökologie entwickelt und gelebt.

Die bisherige christliche Theologie hat 2000 Jahre darauf geachtet, dass ihr nie ein Huhn durch die Wissenschaft tippelt oder auch nur ein einziger Baum darin herumsteht. Im Zeitalter der ökologischen Krise wird aber jede Religion ohne ökologische Ethik so wie die Ökologie-Bewegung ohne ethische Dimension letztlich erfolglos bleiben.

Die Jesus-Strategie aber sieht Auswege selbst in scheinbar ausweglosen Situationen. Der verlorene Sohn wird von seinem Vater voller Freude aufgenommen. Das heißt: Umkehr und Wandel sind immer und grundsätzlich möglich. In der größten Krise liegt immer und zugleich die größte Chance, lehrt der ökologische Jesus:

»Wer Gott vertraut, dem ist alles möglich.« (Mk 9, 23).

Nach Jesus verbirgt sich hinter jedem Schleier der Nacht ein strahlender Morgen. Welch ein Hoffnungspotenzial für eine bessere Zukunft!

Der ökologische Jesus macht deutlich: Gott spiegelt sich in seiner Schöpfung. Die Natur ist die wahre Offenbarung seines schöpferischen Vaters. Die Natur wird denen treu sein, die dem ökologischen Jesus und seinem Vater vertrauen. Jesus macht uns auf materielle, psychische und geistige Naturgesetze aufmerksam, die heute zu Überlebensgesetzen geworden sind.

Gott spiegelt sich in seiner Schöpfung.

Religion im Sinne des ökologischen Jesus ist kein Buchstabenglaube und keine Gesetzestreue, sondern hochgradig empfänglich gewordenes Bewusstsein des Göttlichen in uns und Offenheit für das Göttliche um uns.

Das Jahrtausend der Ökologie hat begonnen

In einer Zeit, in der wir Krieg gegen die Natur führen, gilt es die doppelte Botschaft der jesuanischen Ökologie zu erkennen: Kein Frieden unter den Menschen ohne Frieden mit der Natur. Spätestens jetzt im Zeitalter der

globalen ökologischen Krise, im Zeitalter der Klimazerstörung, des Artensterbens und des Waldsterbens, des Ozonlochs, der Ausbreitung der Wüsten und des weltweiten Korallensterbens, wird deutlich: Frieden ist mehr als das Schweigen der Waffen und das Verschrotten von Waffen. Die Jesus-Strategie ist eine Natur-Strategie. Wer von dieser Erkenntnis tief in seiner Seele erfasst wird und nach dieser Analyse eine Therapie in der Bergpredigt sucht, wird eine be-geist-ernde Wirkung und Erfahrung erleben. Und diese Be-geist-erung wird sich auswirken auf Mitwelt und Umwelt. Die Politik der Bergpredigt ist wegweisend für eine sozialökologische, friedliche und gerechte Politik im 21. Jahrhundert.

Ein tiefes Verstehen des ökologischen Jesus wird revolutionäre Folgen haben. Seine Lehre und sein Leben handeln von der Heiligkeit der Schöpfung, das heißt vom Heil-Sein und Wieder-Heil-Werden der Natur. Die heilige, das heißt unbeschädigte Schöpfung: das sind Schweine ohne Schweinepest, Rinder ohne Rinderwahn, Menschen ohne umweltbedingte Allergien und ohne Hautkrebs durch das Ozonloch. Heilige Schöpfung: Das ist reines Wasser und saubere Luft, gesunde Wale und wirklicher Wald.

Jesus redet und handelt in der Überzeugung: Wer Menschen Vertrauen zu sich selbst schenkt, verzehnfacht ihre Kraft und ihren Mut, ihre persönliche, gesellschaftliche, aber auch ihre politische Kraft. In der Spur des ökologischen Jesus lernen wir zu fragen: Wer soll denn überhaupt etwas ändern, wenn nicht ich? Wann, wenn nicht jetzt? Und wo, wenn nicht hier?

Wann, wenn nicht jetzt? Und wo, wenn nicht hier?

Im Markus-Evangelium sagt Jesus:

> *»Mit der neuen Welt Gottes ist es wie mit der Saat und dem Bauern: Hat der Bauer gesät, legt er sich nachts schlafen, steht morgens wieder auf – und das viele Tage lang. Inzwischen geht*

die Saat auf und wächst; wie, das versteht der Bauer selber nicht. Ganz von selbst lässt der Boden die Pflanzen wachsen und Frucht bringen. Zuerst kommen die Halme, dann bilden sich die Ähren, und schließlich füllen sie sich mit Körnern. Sobald das Korn reif ist, fängt der Bauer an zu mähen; dann ist Erntezeit.« (Mk 4, 26-29).

Das hier so selbstverständlich gesprochene »von selbst« ist der entscheidende Beweger aller Naturvorgänge. Dieses schöpferische Geschehen ist das Gegenteil des menschlichen Machens und Müssens. Hier herrscht göttliche Souveränität und nicht menschlicher Wille oder menschliches Wollen.

Empfangen lernen!

Die Sonne scheint »von selbst«, der Wind weht »von selbst«, das Wasser fließt »von selbst« und reinigt sich »von selbst« und Bäume und Pflanzen wachsen »von selbst« – wir müssen nur empfangen lernen, was die Natur uns weitgehend kostenlos zur Verfügung stellt.

Wir müssen nur empfangen lernen, was die Natur uns weitgehend kostenlos zur Verfügung stellt.

Diese eher weibliche Tugend des Empfangens fällt Männern besonders schwer. Und Männer bestimmen noch immer die Entwicklung der Industriegesellschaften. Männer wollen eher machen, machen, machen! Aber die kostenlosen Energieträger Sonne, Wind und Wasser, die wir wie »von selbst« empfangen können, liefern uns Energie von einer ganz neuen Qualität – nämlich ohne Folgeprobleme wie nicht entsorgbarer Atommüll, verpestete Luft, vergiftetes Wasser, sterbende Wälder und saure Böden.
Diese neue und ganz andere »jesuanische Energiepolitik« sorgt »wie von selbst« für eine ökologische Wirtschaft, für Millionen zukunftsfähige neue Arbeitsplätze und für eine gesunde Umwelt. Jesus war kein Verzichtsapostel. Er postuliert im Gegenteil die »Fülle des Lebens« und ein »Leben

im Überfluss« (Joh 10, 10). Sein ganzes Wollen lässt sich so zusammenfassen: Liebe das Leben und lebe die Liebe, dann erfährst du die Fülle des Lebens.

Wenn bisher galt: Macht euch *die* Erde untertan, so soll jetzt gelten: Macht euch *der* Erde untertan!

Wenn bisher galt: Macht euch *die* Erde untertan, so soll jetzt gelten: Macht euch *der* Erde untertan!
Das Mitfühlen mit allem Leben ist der Kern der jesuanischen Botschaft. Sein »seid barmherzig« heißt: Fühlt mit dem Leben – selbstverständlich auch mit Tieren und Pflanzen. Alle Kultur ist für Jesus Erweiterung und Vertiefung des Bewusstseins für alles Leben. Vor allem Jesus und Buddha sind Wegweiser einer globalen ökologischen Ethik, ohne die sich nichts wesentlich ändern wird. Im Sinne des ökologischen Jesus müssen freilich nicht alle Umweltschützer Christen, wohl aber alle Christen Umweltschützer sein.
Buddha und Jesus waren die ersten Global Players. Die globalisierte Wirtschaft ruft nach einer globalen Moral: »Du sollst nicht stehlen«, »Du sollst nicht lügen«, »Du sollst nicht töten«. Das sind – nach Hans Küng – die Grundpfeiler einer globalen Ethik. Danach sind Naturzerstörung und Kriege nichts anderes als Massenmord, Ausbeutung und Diebstahl. Der Krieg ist die Krankheit, aber niemals die Lösung!
Die Ästhetik der Bilder dieses Schöpfungsbuches kann uns lehren, was Friedrich Hölderlin so aussprach:

»Das Schönste ist auch das Heiligste.«

Wenn wir lernen, das Leben und die Schöpfung wirklich zu lieben, dann werden wir weder uns noch die Schöpfung weiter zerstören.

Franz Alt

Durch einen Anfang hat Gott
Himmel und Erde geschaffen.
Da war die Erde Chaos und
Wüste, Dunkelheit war da
angesichts der Urflut, und
Gottes Geistkraft bewegte
sich angesichts der Wasser.

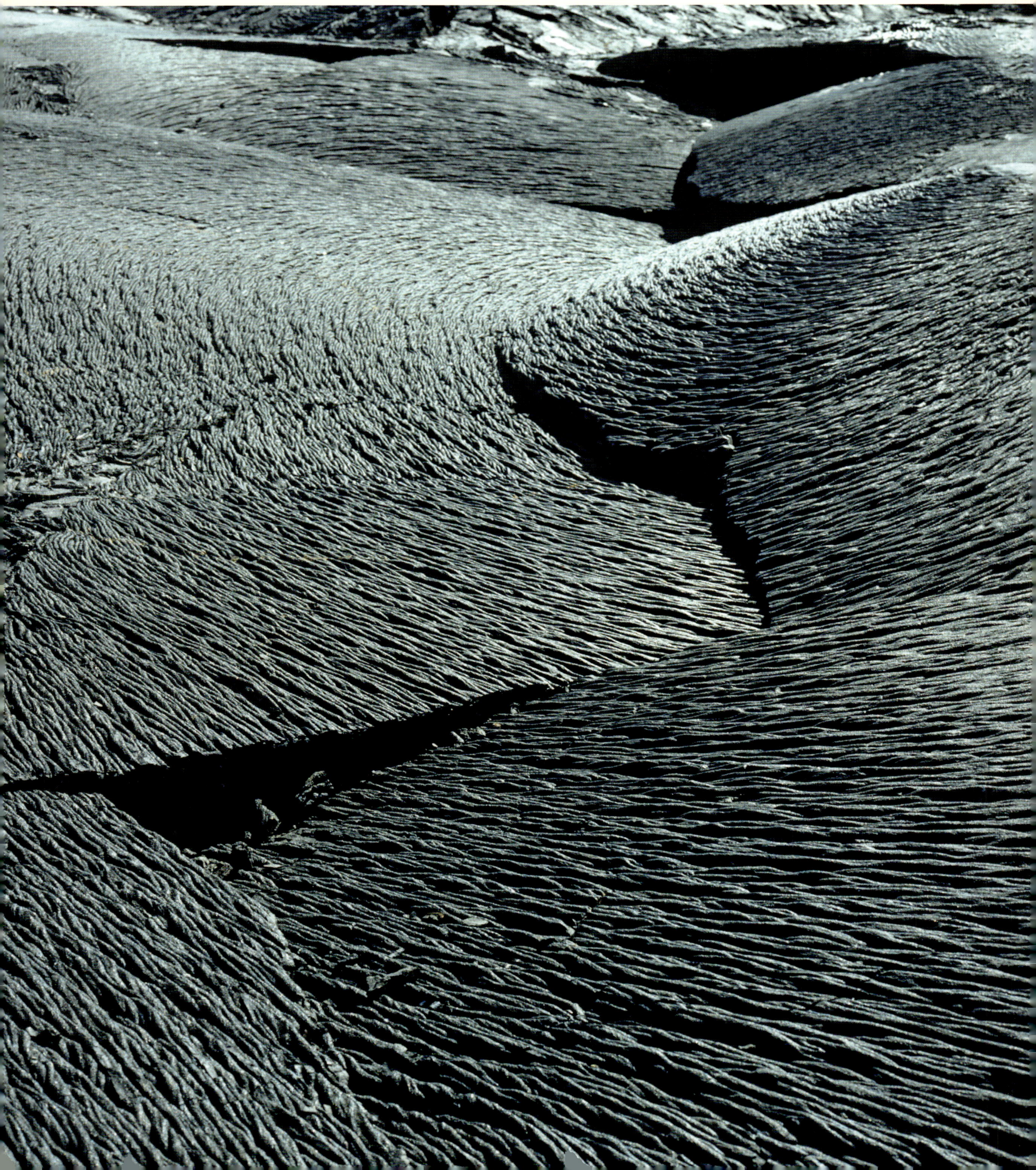

Da sprach Gott: »Licht
werde«, und Licht wurde.

Gott sah das Licht: Ja, es war gut. Und Gott trennte das Licht von der Finsternis. Gott nannte das Licht ›Tag‹ und nannte die Finsternis ›Nacht‹.

Es wurde Abend und wurde Morgen - Tag eins.

Da sprach Gott: »Es soll ein Gewölbe mitten in den Wassern sein, so dass es Wasser von Wasser trennt.« Und Gott machte das Gewölbe und es trennte das Wasser unterhalb des Gewölbes von dem Wasser oberhalb des Gewölbes. So geschah es.

Gott nannte das Gewölbe ›Himmel‹. Es wurde Abend und wurde Morgen – ein zweiter Tag.

Da sprach Gott: »Das Wasser unter dem Himmel soll an einem Ort gesammelt werden, so dass das Trockene sichtbar wird.«

So geschah es. Gott nannte das Trockene ›Erde‹ und die Ansammlung des Wassers ›Meer‹.

Und Gott sah: Ja, es war gut.

Da sprach Gott: »Die Erde lasse Grünes aufsprießen: Gewächse, die Samen aussäen, Fruchtbäume, die nach ihrer Art Früchte hervorbringen, in denen ihr Same ist, oberhalb der Erde.«

Und so geschah es: Die Erde brachte Grün hervor,
Gewächse, die Samen aussäen nach ihrer Art,
Bäume, die Früchte hervorbringen, in denen ihr
Same ist nach ihrer Art.

Und Gott sah: Ja, es war gut. Es wurde Abend und wurde Morgen - ein dritter Tag.

Da sprach Gott: »Es sollen Lichter sein am Gewölbe des Himmels, um den Tag von der Nacht zu trennen. Sie sollen zu Zeichen werden für Festzeiten, für Tage und Jahre. Sie sollen Lichter sein am Himmelsgewölbe, um die Erde zu beleuchten.«

Und so geschah es: Gott machte die zwei großen Lichter, das größere Licht zur Herrschaft über den Tag ...

... das kleinere Licht zur Herrschaft über die Nacht, dazu die Sterne. Und Gott setzte sie an das Gewölbe des Himmels, um die Erde zu beleuchten, um über den Tag und über die Nacht zu herrschen und um das Licht von der Finsternis zu trennen. Und Gott sah: Ja, es war gut. Es wurde Abend und wurde Morgen - ein vierter Tag.

Da sprach Gott: »Die Wasser sollen nur so wimmeln von lebenden Wesen, und über der Erde sollen Flugtiere fliegen – angesichts des Himmelsgewölbes.«

Da schuf Gott die großen Seeungeheuer und
jedes sich bewegende Lebewesen, von denen
das Wasser wimmelt nach ihren Arten, und
alle geflügelten Tiere nach ihren Arten.

Und Gott sah: Ja, es war gut.

Da segnete Gott sie und sagte: »Seid fruchtbar, vermehrt euch und füllt die Wasser der Meere. Die Flugtiere aber sollen sich auf der Erde vermehren.« Es wurde Abend und wurde Morgen - ein fünfter Tag.

Da sprach Gott: »Die Erde soll lebende Wesen hervorbringen je nach ihrer Art, Vieh, Kriechtiere, das Wild der Erde nach seinen Arten.« Und so geschah es.

Gott machte das Wild der Erde nach seinen Arten, das Vieh nach seinen Arten und alle Kriechtiere auf dem Acker nach ihrer Art.

Und Gott sah: Ja, es war gut.

Da sprach Gott: »Wir wollen Menschen machen – als unser Bild, etwa in unserer Gestalt. Sie sollen niederzwingen die Fische des Meeres, die Flugtiere des Himmels, das Vieh, die ganze Erde, alle Kriechtiere, die auf dem Boden kriechen.«

Da schuf Gott Adam, die Menschen, als göttliches Bild, als Bild Gottes wurden sie geschaffen, männlich und weiblich hat er, hat sie, hat Gott sie geschaffen.

Dann segnete Gott sie, indem Gott zu ihnen sprach: »Seid fruchtbar, vermehrt euch, füllt die Erde und bemächtigt euch ihrer. Zwingt nieder die Fische des Meeres, die Vögel des Himmels und alle Tiere, die auf der Erde kriechen.«

Da sprach Gott: »Seht, ich übergebe euch alle Samen aussäenden Gewächse auf der ganzen Erdfläche, sowie jeden Baum, an dem Samen aussäende Baumfrüchte sind. Das soll euch als Nahrung dienen.

Auch allen Tieren der Erde, allen Vögeln des Himmels, allem, was auf der Erde kriecht, was immer mit einer Kehle lebt, soll alles grüne Gewächs als Nahrung dienen.« So geschah es.

Und Gott sah alles, was Gott gemacht hatte: Sieh hin, es ist sehr gut. Es wurde Abend, es wurde Morgen: der sechste Tag.

So wurden Himmel und Erde und alles, was in ihnen kämpft, zum Abschluss gebracht. Gott aber brachte das eigene Werk am siebten Tag zum Abschluss, indem sie am siebten Tag von all ihrem Werk ruhte, das sie getan hatte.

Und Gott segnete den siebten Tag und machte ihn heilig. Denn an ihm ruht sie von all ihrem Werk, das Gott geschaffen hat, um zu wirken.

Bildlegenden

Titel Zu den großen Naturwundern unserer Welt gehören die **»Cataratas del Iguazú«**, die **Urwaldwasserfälle im Norden Argentiniens.** Der Missionar Pater Sepp schrieb im 16.Jahrhundert: »Gott hat diese Wasserfälle zum Nutzen unserer Indianer geschaffen, denn die Spanier in ihrer unersättlichen Geldgier sind mit ihren großen Schiffen bis hierher gekommen, aber nicht weiter.«

3 **Eisschollen an der Küste Spitzbergens.** Diese großartigen Skulpturen der Schöpfung schmelzen in der durch Menschen gemachten Erderwärmung dahin und zerstören so den Lebensraum von Robben, Eisbären und anderen Tieren.

6 Die **Himbas im Norden von Namibia** gehören zu den letzten Naturvölkern Afrikas. Sie lebten solange autark und ohne Hunger, bis die »Zivilisation« in ihren natürlichen Lebensraum eindrang.

10/11 In der **libyschen Wüste Ägyptens** liegt die **»Weiße Wüste«**. Hier hat sich der Wind als großartiger Bildhauer betätigt und fantasievolle Erosionsfiguren aus dem weißen Kalkstein geblasen.

15 Abend am **Okavango in Botswana**. Das Delta dieses Flusses, der nie das Meer erreicht, sondern im Sand der Kalahariwüste versickert, bildet eines der schönsten Tierparadiese in Afrika.

16 **Elefant im Okavango Delta**.

21 **Apfelblütenknospen im Eispanzer**, fotografiert im Alten Land in Norddeutschland. Hier schützen die Obstbauern in Frostnächten die Knospen durch künstliche Beregnung. Das Wasser gefriert an den Obstbäumen und setzt dabei nach einem physikalischen Prinzip beim Übergang von Wasser zu Eis Erstarrungswärme frei.

24/25 **Eisberg im Scoresby-Sund im Nordosten Grönlands**. Grönland ist die Wiege aller großen Eisberge in der nördlichen Hemisphäre. Durch Gezeiten und Meeresströmungen getrieben, »segeln« sie durch Fjorde und an der Küste entlang. Nur ein Zehntel der gewaltigen Eismasse ist über dem Wasser sichtbar.

29 Der 6.997 m hohe **Machhapuchhare in Nepal** gehört zu den schönsten Bergen des Himalaya und führt uns die Großartigkeit der Schöpfung besonders eindrucksvoll vor Augen. Die einheimischen Menschen glauben, dass auf diesem Gipfel zwischen Himmel und Erde ihre Götter wohnen.

30/31 Die großen **Sandmeere** – hier **in Libyen** – werden in der Sahara Erg genannt. Ihre einzigartigen Formen und Strukturen bedecken »nur« rund zehn Prozent der Wüste. Die höchsten Dünen erreichen Höhen bis über 500 Meter. Der Beduine sagt, die Wüste sei ein großer Garten, in dem Gott alles Überflüssige entfernt hat.

32/33 Wo tektonische Platten, die auf glühendem Magma driften, zusammenstoßen, erleben wir an der Erdoberfläche aktiven Vulkanismus. Dieser Blick in den Krater des **Vulkans Erta Ale im Ostafrikanischen Grabenbruch** erinnert uns an das Chaos am Anfang.

34 Zum Chaos gehören auch die kochenden Schlammlöchern **Námaskard auf Island**. Hier steigen giftige Schwefeldämpfe aus der Erde im Urzustand.

35 Die Vulkaninsel **White Island** liegt in **Neuseeland**, ist unbewohnt, und zeigt uns die Erde noch vor dem ersten Schöpfungstag.

36 Das schönste **Stricklavafeld Sulivan** finden wir auf der **Galápagos-Insel Santiago**. Charles Darwin bemerkte zu dieser Landschaft in seinem Tagebuch 1835: »Nichts könnte weniger einladend sein; ein zerklüftetes Feld schwarzer Basaltlava, zu Wellen aufgeworfen und von tiefen Rissen durchzogen, das kaum Anzeichen von Leben zeigt.«

37 Vulkanismus erzeugt auch unglaublich intensive Farben wie hier der **»Champagner Pool« bei Rotorua in Neuseeland.** Sie entstehen durch verschiedene mineralische Ablagerungen an den Ufern der Thermalquellen.

38/39 Der optische Höhepunkt aller Thermalgebiete auf Erden ist **Dallol** in der schwer zugänglichen **Danakilsenke in Äthiopien**. In dieser surrealen Welt, die zu den heißesten Gegenden unseres Planeten zählt, fließt Schwefelwasser aus einem Berghang auf den Salzsee Assale, der 150 Meter unter dem Meeresspiegel liegt und bildet dort ein goldgelbes Muster, in dem sich der wolkenlose Himmel spiegelt.

40/41 Die bereits untergegangene Sonne wirft ihr letztes Abendlicht auf kleine und große Wolkenfetzen über dem **Ennedigebirge im Tschad**. Nichts ist schöner als ein Abend in der Wüste, wenn die Hitze des Tages weicht und der kühlen Nacht Platz macht, wenn das gleißende Tageslicht in solche Pastelltöne wechselt, die unser gereiztes Auge erquicken.

42 **Sonnenstrahlen in der Polarnacht, Norwegen.** In der Polarnacht steigt die Sonne jenseits der Polarkreise nicht mehr über den Horizont – und zeigt sich trotzdem über Mittag, in dem sie ihre feuerroten Strahlen über den Horizont schickt.

43 **Polarlicht in Norwegen.** Zu den schönsten und eindrucksvollsten Himmelserscheinungen auf Erden gehört das Polarlicht (Aurora Borealis) im hohen Norden (genau wie das Südlicht im tiefen Süden). Die Sonne schießt ihren Staub zur Erde, dieser beginnt beim Anprall in unsere Atmosphäre zu leuchten, und sein grünes Licht wirbelt wie ein magischer Flammentanz durch die schwarze Nacht.

44/45 Winterabend am **Südkap der Lofoten in Norwegen** beim Fischerort mit dem kürzesten Ortsnamen dieser Welt: Å.

46/47 Ein **Halo oder Nebelbogen vor der Küste Grönlands**. Er entsteht ähnlich wie ein Regenbogen, aber es gibt hier keine Wassertropfen, sondern nur winzige Eiskristalle in der Luft.

48 Das **Teufelsloch (Garganta del Diablo) der Iguazú-Fälle in Argentinien**. Der wasserreiche und reißende Iguazú ist ein Nebenfluss des fast 5.000 Meter langen Paranaá, der sich zunächst mit dem Rio Uruguay und anderen Urwaldflüssen vereint und dann als Rio de la Plata bei Buenos Aires den Atlantik erreicht.

49 Die **Victoria-Fälle** an der **Grenze zwischen Sambia und Zimbabwe** sind die größten und eindrucksvollsten Wasserfälle Afrikas. Sie sind etwa 130 Meter hoch und 1.700 Meter breit. Während der Regenzeit rauschen hier etwa eine Million Kubikmeter Wasser pro Sekunde in die Tiefe. Der einheimische Name für diese Fälle lautet »Mosi-oa-Tunya«, das bedeutet »Rauch, der donnert«.

50/51 Diese türkisblauen Seen – oder Ansammlungen von Wasser – liegen im **neuseeländischen Nationalpark Tongariro**. Der Park hat eine besondere Geschichte: Als der Maori Häuptling Te Heu Heu Tukino im Jahr 1887 erkannte, dass sein Land von Weißen besiedelt und die Natur gefährdet war, schenkte er drei Vulkane und das Land dazwischen der britischen Krone und den neuseeländischen Bürgern mit der Bedingung, dieses Gebiet zum Nationalpark zu machen. »He kura kainga e hokia; he kura tangata e kore e hokia« – »Der Schatz der Natur überdauert alle Zeiten, die Werte der Menschen aber sind vergänglich.« Mit diesen Worten des weisen Häuptlings entstand der erste Nationalpark Neuseelands.

52/53 Eine winzige Sandbank im ewigen Blau und Türkis des **Great Barrier Reef**. Das Great Barrier Reef vor der nördlichen Ostküste **Australiens** ist ein echtes Schöpfungswunder. Der gewaltige Korallenkomplex mit einer Nordsüdausdehnung über 2.000 Kilometer besteht aus 2.600 Einzelriffen.

54 **Strandwinde auf der Galápagos-Insel Santiago**. Der Mönch Thich Nhat Hanh aus Vietnam hat eine besonders schöne Hommage auf eine Blume geschrieben, die auch für dieses Bild Gültigkeit hat:
»Du stehst still am Zaun, zeigst dein wunderschönes Lächeln. Ich bin sprachlos, und meine Sinne sind voll der Klänge deines schönen Liedes, anfanglos und endlos. Ich verneige mich vor dir.«

55 **Rotbackige Äpfel** gehören zu den köstlichsten Früchten der Schöpfung.

56/57 **Regenwald an der Westküste der neuseeländischen Südinsel**. Über 200 Arten von filigranen Baumfarnen wachsen hier und verzaubern den fast undurchdringlichen Wald, in dem 300 Millimeter Niederschlag pro Tag normal sind.

58/59 Eine Wiese voller bunter Wildblumen im **Namaka-Land in Südafrika**. Das Namaka-Land ist eine Halbwüste im Südwesten des Landes. Nur wenn der Frühjahrsregen nicht ausbleibt, kann das Land diese Farbenpracht entfalten.

60 **Mitternachtssonne im Kaiser-Franz-Joseph-Land, Russland**. Kein anderes Land der hohen Breitengrade liegt entlegener und von Menschen unberührter als der 1873 von Österreichern entdeckte Archipel zwischen Spitzbergen und Nordpol. Wenn das Eis »dort oben« in den nächsten Jahrzehnten schmilzt, werden die nach Ressourcen so gierigen Menschen auch dieses letzte weiße Paradies schon bald zerstören.

61 Der volle Mond beleuchtet den **Bryce Canyon in Utah, USA**, wie eine Märchenkulisse für Shakespeares Sommernachtstraum.

62/63 Der **Sternenhimmel über der Sahara** ist so klar und noch unverschmutzt, dass jeder Stern in einer anderen Farbe leuchtet. Sie alle »drehen sich« (in Wahrheit dreht sich unsere Erde) in 24 Stunden um den Polarstern. Aus diesem Grund entstehen bei einer Langzeitbelichtung von etwa 5 Stunden kreisförmige Linien vor dem schwarzen Nachthimmel.

64/65 Abendhimmel über dem **Grand Canyon in Arizona, USA**.

66/67 Morgenstimmung am **Ogowe in Lambarene, Gabun**. Genau hier, zwischen Wasser und Urwald, hat Albert Schweitzer 1913 sein weltberühmtes Hospital gebaut und als Tropenarzt das Christentum in Afrika vorgelebt.

68 **Bindefregattvögel** locken mit ihren aufgeblasenen Kehlsäcken und viel Geschrei die Weibchen auf der **Galápagos-Insel Genovesa** an. Fregattvögel sind wahre Piraten; da sie weder schwimmen noch tauchen können, greifen sie andere Vögel in der Luft an und stehlen ihnen die Beute.

69 **See-Elefant auf Südgeorgien in der Subantarktis** sind die größten Robben. Bullen werden bis zu 6 Meter lang, sie wiegen 4 Tonnen und mehr. Über der Nase haben die an die Urzeit erinnernden Tiere einen rüsselartigen Ansatz, der bei Erregung bis zu 60 Zentimeter lang wird. Deshalb tragen sie den Namen See-Elefant.

70 Dieser **Adelie-Pinguin in der Antarktis** versorgt sich nach seinem Krill-Frühstück im Meer auf einem Eisberg am Strand mit Süßwasser. Lachsfarbener Krill ist die Hauptnahrung der Pinguine, lachsfarben sind auch die Ausscheidungen der flugunfähigen Vögel, und lachsfarben sind deshalb auch die Flecken im Eis und auf dem weißen Frack der antarktischen »Oberkellner«.

71 Am farbenprächtigsten sind die **Königspinguine**. Sie leben aber nicht in der Antarktis, sondern auf den subantarktischen Inseln – also zwischen Festland und dem weißen Kontinent. Dieses Bild entstand in Südgeorgien. Durch die derzeitige rasche Erderwärmung ist der Lebensraum aller Pinguine stark gefährdet.

72/73 Hochzeitstanz der **Blaufußtölpel** auf der **Galápagos-Insel Seymour**. Das so genannte »skypointing« beider Vögel erinnert an perfektes Ballett. Schnabel und Flügelspitzen zeigen senkrecht nach oben, und schon fängt der Partner an zu tanzen, hebt abwechselnd seine leuchtend blauen Füße und stimmt dann mit einem durchdringenden Pfiff in das »skypointing« mit ein.

74 Die **Meerechsen auf Galápagos** sind Verwandte der Landleguane, die sich dem Leben aus dem Meer ideal anpassen. In ihren Köpfen haben sich spezielle Drüsen entwickelt, mit denen sie das überflüssige Salz durch »Niesen« ausscheiden. Männchen erkennen wir an der Größe und am stark ausgebildeten Rückenkamm.

75 Die Welt der **Alcedo-Caldera** auf der **Galápagos-Insel Isabela** erinnert wie kaum ein anderer Platz dieser Welt an die ersten Schöpfungstage. Alle Vegetation ist hier verbrannt, es riecht nach Schwefel – und doch ziehen Riesenschildkröten wie lebende Wesen der Urzeit auf der Suche nach Feuchtigkeit durch die Kraterschüssel.

76 **Rote Klippenkrabben** leuchten wie Signallampen auf der schwarzen Lava aller **Galápagos-Inseln**. Sie weiden – ähnlich wie die Meerechsen – Algen und Meersalat vom Fels und fressen notfalls auch tote Artgenossen.

77 Auf der **Galápagos-Insel Española** legen die männlichen Meerechsen während der Paarungszeit ein besonders buntes grün und rot leuchtendes Kleid an.

78 »Es ist zum Schreien mit diesen Fotografen«, brüllt mir dieser **Seelöwe** auf der **Galápagos-Insel Santa Fe** entgegen. Die Strände dort sind so stark mit Seelöwen belegt, dass man Mühe hat, zwischen ihnen durch zu gehen. Die Weibchen schlafen und kümmern sich überhaupt nicht um fremde Besucher, die Bullen schimpfen aus sicherem Abstand, und die Kleinen wollen mit jedem Menschen spielen und um die Wette schwimmen. Auf Galápagos leben Mensch und Tier noch in paradiesischer Eintracht mit- und nebeneinander.

79 Der **Gepard** gehört zu den faszinierendsten Wildkatzen **Afrikas**. Sichtet er ein Beutetier, dann schießt der Gepard pfeilschnell aus der Deckung hervor und erreicht schon nach 3 Sekunden die enorme Geschwindigkeit von über 100 Kilometern pro Stunde. Damit ist er der schnellste Läufer der Savanne. Das Foto entstand in der **Etoscha-Pfanne, Namibia**.

80 **Berggorillas** leben in **Uganda und Ruanda**. Die sympathischen Waldbewohner sind vom Aussterben bedroht. Seit Jahren werden diese seltenen und meist friedlichen Tiere Opfer von skrupellosen Wilderern, denn die einheimische Bevölkerung glaubt an stark Potenz steigernde Wunderkräfte in den Zungen und Hoden der Gorillas. Außerdem laufen die Tiere immer wieder auf liegen gebliebene Minen aus den jüngsten Bürgerkriegen der vergangenen Jahre.

81 **Koalas** – hier auf einem Eukalyptusbaum in **Australien** – sind keine Bären, sondern Beuteltiere und meistens sehr müde. Siegfried Lenz hat diese Kuscheltiere von Millionen Kindern so beschrieben:
»Der Koala ist ein Tier, dessen Faulheit so außerordentlich ist, dass sie schon wieder fasziniert. Wie er in schlafmütziger Anmut an einen Ast geklammert, unerhört verzögert ein Auge öffnet, den Betrachter mit unendlicher Müdigkeit vorzeitlich anblickt und dann das Auge wieder in Zeitlupe schließt. Wie er, mit herausfordernder Langsamkeit, an einem Eukalyptusblatt knabbert, und wie er schließlich grundsätzlich keinen Baum hinabklettert: er öffnet einfach nur die Arme und lässt sich fallen.«

82 »Warum lasst ihr das Eis tauen und mich sterben«, fragt dieser junge **Polarbär** im **Kaiser-Franz-Joseph-Land**. Eisbären leben von Robben, die sie auf dem Packeis jagen. Aber dieses Packeis verschwindet erschreckend schnell durch die dramatische Erderwärmung. Dadurch wird der Lebensraum für Eisbären total zerstört.

83 Das **See-Elefantenweibchen**, hier in **Südgeorgien** fotografiert, hat keinen Rüsselansatz wie die Bullen und gehört zu einem Harem, der aus 20 – 30 Elefantenfrauen besteht. 20 Frauen sind anstrengend, in der Paarungszeit verliert der Bulle deshalb bis zu 50 Prozent seines ursprünglichen Körpergewichtes.

84/85 Abendgebet in der **Wüste, Libyen**. Ein gläubiger Muslim betet bei Sonnenuntergang, nach Mekka gewandt, zu seinem Gott.

86/87 »Alle Menschen werden Brüder«, heißt es im Schlusschor von Beethovens neunter Sinfonie. Muss das ein Traum bleiben? Oder sind wir Menschen intelligent genug, diesen Traum doch noch zu verwirklichen? Von dem Ergebnis dieser Überlegung wird es abhängen, ob wir Gottes Schöpfung für alle Menschen dieser Welt und für ihre Kinder und Enkel bewahren können.
Diese lachenden Gesichter fotografierte ich in folgenden Ländern.
Obere Reihe von l. nach r.: Grönland, Tibet, Ägypten, Brasilien, Neuseeland, Nepal und Bhutan.
Mittlere Reihe von l. nach r.: Norwegen, Sinai, Island und Niger.
Untere Reihe von l. nach r.: Grönland, Südafrika, Algerien, Tibet, Island und Jemen.

88 Junge **Himbas** früh morgens vor ihrer Hütte in **Namibia**. Auf unseren Reisen haben wir immer wieder erfahren, dass die Gastfreundschaft dort am größten und ehrlichsten ist, wo die Menschen noch in einem natürlichen Umfeld, also in Gottes Schöpfung leben. Und das ist bei den Naturvölkern meistens der Fall.

89 **Aborigines** sind in **Australien** eine Minderheit, obwohl ihnen einst dieser Kontinent gehörte. Umweltschutz war immer ihre Lebensphilosophie. Das verdeutlicht dieses Zitat von Bahumir Wongar:
»Sei freundlich zu den Bäumen, und sie werden für dich zu einer Blume erblühen und eine Schar Honigsauger und einen Bienenschwarm anlocken. Sie belohnen dich außerdem noch mit Nüssen und dadurch, dass sie unten an ihren Wurzeln ein Nest für die Larven schaffen. Vergiss nicht, Bäume sind schließlich mit dem Menschen verwandt.«

90/91 Kokosnusspalme im tropischen **Villamil auf der Galápagos-Insel Isabela**. Ihre köstlichen Früchte geben Milch und Fruchtfleisch oder »Coco Loco« (verrücktes Wasser). Das ist frische Kokosnussmilch mit einem Schuss Zuckerrohrschnaps. Das Spezialgetränk wird in Villamil tiefgekühlt serviert.

92 Dieser kleine **Schmetterling** (Hypolimnas bolina) lebt in **Australien** und hat eine Flügelspannweite von 8 bis 9 Zentimetern. Die schöne Weißzeichnung auf seinen Flügeln erinnert an ein indonesisches Batikkunstwerk.

93 Die **Gabelschwanzracke** (Coracias caudata) begleitete uns auf allen Safaris in **Botswana**. Sie gehört zu den farbenprächtigsten Vertretern der vielfältigen Okawango-Vogelwelt und ist das Wappentier des südafrikanischen Landes.

94/95 Jung und Alt. Dieses kleine Mädchen mit den großen Engelsaugen traf ich in der weißen Stadt **Harar, Äthiopien**. Die alte Frau ist Nonne in einem osttibetischen Kloster. Sie erzählte mir, dass noch nie fremde Besucher in ihrem Ort waren. Ihr gesegnetes Alter wusste sie nicht. Aber beide – Jung und Alt – schenken mir ein Lächeln, das Hoffnung gibt für Frieden auf Erden.

96/97 Die **Große Düne bei Nidden auf der Kurischen Nehrung in Litauen** im Winterkleid. Wilhelm von Humboldt schrieb im 19. Jahrhundert in sein Tagebuch, dass man dieses Naturwunder gesehen haben muss, wenn einem nicht ein wunderbares Bild in der Seele fehlen soll. Und die Dichterin Agnes Miegel hat dieser Düne ihre ergreifende Ballade »Die Frauen von Nidden« gewidmet.

98/99 **Eiswüsten am Lemaire-Kanal auf der antarktischen Halbinsel.**

Bibliografische Information der Deutschen Nationalbibliothek
Die Deutsche Nationalbibliothek verzeichnet diese Publikation in der Deutschen Nationalbibliografie; detaillierte bibliografische Daten sind im Internet über http://dnb.d-nb.de abrufbar.

Der Bibeltext wurde der *Bibel in gerechter Sprache* (Gütersloh 2006) entnommen.

1. Auflage

Umschlagmotiv: Cataratas del guazú
Druck und Einband: Print Consult, München
ISBN 978-3-579-06897-8

www.gtvh.de